非常識な休日が、人生を決める。

結果を出す人がやっている50の逆転の時間術

千田琢哉
Takuya Senda

徳間書店

プロローグ 01

オンはゆったり、オフに没頭。

「千田さんはどんな休日の使い方をしているのですか?」
これまでにそのような質問を山のようにいただいた。
結論から言おう。
オンはゆったり過ごし、オフは何かに没頭《ぼっとう》している。
たとえば現在の私の仕事は執筆だ。
執筆の仕事をオンとすると、それ以外はオフということになる。
執筆の仕事をしている私は、とてもリラックスしてゆったりと過ごしている。
きっと私が執筆している姿を傍《はた》から見たら、ご褒美をもらった子どものように
無邪気な顔をして楽しんでいるはずだ。
実際に出版社からの執筆依頼は、私にとってこの上ないご褒美だ。
現に私は今、はるか先の原稿の締め切りなど気にも留めないで、
ただ本能の赴《おもむ》くままにゆったりと執筆している。

ではオフは何をやっているかといえば、勉強に没頭したり、旅行に没頭したり、ホテル巡りに没頭している。
もちろんこちらも無邪気な子どものように、心の底から楽しんでいることに変わりはない。

「それは千田さんが会社勤めのサラリーマンではないから可能なだけです！」
そんな反論が聞こえてきそうだ。

だが私はサラリーマン時代からずっとこの調子だった。
仮に会社の始業時間以降をオンと考えると、私はそれまでに〝やらなければならない〟仕事はすべて終わらせていた。
始業時間前に仕事に没頭し、
逆にいわゆるみんながオンの時間は心底くつろいでゆったりと過ごしていたのだ。

始業時間からはゆったりとコーヒーを飲み、ドキドキワクワクしながら
これからの種蒔《ま》きにじっくり取り組むと決めていた。
そのため平社員の頃は自転車で2分もかからない場所にアパートを借りて、
朝5時から全力投球で仕事に打ち込んだ。
平日の昼間はゆったりとホテルのラウンジで読書して過ごし、
人口密度の低い休日に、翌週の仕事をすべて終わらせた。

ここで大切なことは、
私の行動や考え方の猿真似をすることではない。
あなたの固定観念に別の角度から光を当てて、
発想の転換をすることだ。
そしてこれからのあなたの日常や常識を変えることだ。
一見、非常識といわれることであってもいい。

オフの過ごし方は、必ずオンにダイレクトに影響を与える。
ぜひ本書を通して、あなた〝ならでは〟のオフの過ごし方を発掘し、
幸せな人生を歩むきっかけにしてもらえれば幸いである。

2016年6月吉日　南青山の書斎から

千田琢哉

プロローグ

PART 1 時間の固定観念を捨てる

PART 2

仕事が遊びで、遊びが仕事

PART 3

オフこそ、勉強時間

PART 4

尽くすこと、曖昧でいいこと

PART 5

オフこそ、孤独

PART 6

幸せのヒントは好奇心

PART 1

時間の固定観念を捨てる

02

成功の入り口は、オンとオフの境目が消えたところにある。

私がこれまで出逢った長期的な成功者たちの人生に見られた特徴は、オンとオフの区別がついていないことだった。

これは公私混同甚《はなは》だしいという批判ではない。

オンとオフの境目が消えていて、見事に人生が循環しているということだ。

もはやオンとオフという表現が無駄であるかのように、オンにはまるで無邪気な子どものように仕事に没頭し、オフにやっている趣味がそのまま仕事にも活きていた。

傍から見たら、どちらがオンでどちらがオフなのかがわからないだろう。

まだサラリーマンだった20代の私は、「よっしゃ、これでいこう！」と決めた。

周囲のサラリーマンたちは口でどう言っているかはともかく、実際の行動や表情を見ているかぎり、オンは嫌いなことや我慢で埋め尽くされていて、オフにはまるで地獄から解放されて生きた屍《しかばね》のようにぐったりしていたものだ。

そうはなりたくない。
ヒヤリとした私はまず、**オンで嫌いなことや我慢から解放されよう**と決めた。
次に、オフでやっていることをオンに直結させてしまおうと決めた。
オンとオフをぶつ切りにした無機的な人生を送るのではなく、
オンとオフを循環させる有機的な人生を送ろうと決断したのだ。
そんなことができるかどうかという心配は微塵《みじん》もなかった。
なぜなら私の目の前にはオンとオフを循環させて
有機的な人生を送っている成功者が溢《あふ》れるほどにいたからだ。
大切なのはあなたができるかどうかではなく、
あなたがどう実現させるかだけである。

君には、嫌いなことや
我慢をしている時間はない。

03

一流の人は、肩の力が抜けている。

長期的な成功者たちは常に肩の力が抜けている。
〝ここ一番〟の大勝負でも緊張することなく、
淡々と日常の一部として通過するだけだ。
傍観者《ぼうかんしゃ》たちはこれを「手抜きしている!」と錯覚してしまうが、
もちろんそれは負け犬の遠吠《とおぼ》えである。
肩の力を抜くことと手抜きとは、まるで違う。
三流の人間にとって表面上は同じに見えるかもしれないが、
一流の人間にとって両者は対極だ。
肩の力を抜くことができる状態の本質は、
「もうこれ以上、準備できない」という境地に達して、
ほどよい疲労感が全身を包み込んでいる状態なのである。
本番に緊張してしまうのは、**準備不足と自意識過剰**によるものだ。
「たいして準備できていない」という後ろめたさと、

「でも実力よりはいい結果を出したい」という図々しい欲望が緊張の原因なのだ。

「どうしたら千田さんみたいに緊張しなくなりますか?」

という質問をこれまでに多数受けてきたが、私の回答はいつも同じだ。

「これだけ準備してダメだったら、努力不足ではなく、
遺伝子のせいだと思えるくらいまで準備しろ!」

遺伝子のせいにするのは、現実逃避《とうひ》ではない。

その土俵における自分の遺伝子の限界を受容し、別の土俵で勝負しようという究極の前向きな姿勢である。

そういえば感謝している人は、いつも肩の力が抜けている。


遺伝子のせいだと思えるくらい準備する!

04

高く飛ぶのではなく、遠くまで飛ぶのだ。

「成功」と聞くとできるだけピークを高くしようと意気込む人が多い。

もちろんピークは高いに越したことはない。

たとえば私が今いる出版の世界だとミリオンセラーを出せれば、その瞬間は大成功者だ。

けれど出版に限ったことではないが、ミリオンセラーを出した人が、10年後にも成功者でいられるかと問われれば、そんな人はひと握りに過ぎない。

多くの場合、ベストセラーのピークはたいてい2年以内で終わる。

特に最近は成功の賞味期限がどんどん短くなっている。

問題はここからだ。

ベストセラーを出してそのまま消える人と、ベストセラーを機に輝いていく人がいるのだが、両者の違いは何だろうか。

それはベストセラーを出す前からすでに作品のストック（作家の世界ではこれを「ボツ原稿の山」と呼ぶことが多い）がたくさんあったということだ。

つまり、名もなく貧しい冬の時代から、すでに立派な作家だったのだ。

お金持ちになってふんぞり返るために成功したのではなく、一生好きなことで生きていくために〝手段〟として成功したということだ。

成功する前から、高く飛ぶのではなく、遠くまで飛ぼうと決めていたのだ。

私は名もなく貧しい頃から遠くまで飛ぶと決めていたから、同様に遠くまで飛んでいる成功者から徹底的に学んだ。

その結果、今、ここにいる。

「成功」は、一生好きなことで生きていくための「手段」。

05

信用される人が、できる人。

一般にミリオンセラーとは単品で100万部の売上になることだ。

1冊でミリオンセラーになると小説の場合は映画化されることも多いし、ビジネス書ならテレビやラジオをはじめとしたマスメディアから引っ張りだこになる。

著者は印税だけで1億円以上稼げるし、出版社は売上だけで10億円以上になり間接的な経済効果も大きい。

その作品を生み出した種である著者は間違いなく正真正銘のデキル人だろう。

野球でいえばホームランバッターのようなものだ。

一方で1冊あたりの平均は1万部しか発行していないけど、それでもカメのようにコツコツと100冊の本を出し続けて、累計100万部突破という著者もいる。

今のご時世で1万部発行とは、野球ならシングルヒットを打てるということだ。

大きな感動はないかもしれないが、仕事に関わる人を安心させることができる。

1冊で100万部を出せる人にはデキル人が多いが、100冊で100万部出し続ける人にはできた人が多い。

そもそも100冊出せたということは、出版社から100回仕事を依頼されたということであり、これ以上の信用はない。

100回の仕事を依頼されるということは、一緒に仕事をする人たちから、仕事を度外視したオフの状態で、人として好かれていなければ不可能なのだ。

仕事に関わる人を安心させよう！

06

連休に一発大逆転を狙わない。

社会人で連休を挽回《ばんかい》のチャンスと考える人は多い。
だから連休には猛烈《もうれつ》にがんばってしまう。
日頃放っておいてる恋人との時間をなんとか取り返そうとする人もいる。
なぜ連休を挽回のチャンスと考えるかといえば、
普段サボっているからだ。
どんなに連休に猛烈にがんばったところで、
普段コツコツと継続している人にはかなわない。
もし連休にがんばった程度で効果が期待できる勉強だとしたら、
それは単に浅い勉強だからだ。
社会人の場合、連休はせいぜい3日から長くても1週間程度だ。
会社から義務として課せられた単発の資格の勉強などの
詰め込みなら話は別だが、何年もかかるような本格的な勉強であれば
この程度では付け焼刃《やきば》で終わってしまう。

むしろ普段思うように勉強できていないなら、
連休でせこく挽回しようとするのではなく、
普段淡々と勉強できるように、じっくり戦略を練り直すことだ。
私もサラリーマン時代には長期的な勉強に取り組んできたが、
連休には悪あがきなどしないで、普段から淡々と勉強できる環境の
再構築や計画の練り直しに充てた。
忙しい社会人は連休の初日は昼過ぎまで寝てもいいから、
ぜひリフレッシュした頭で人生戦略を楽しみながら立案しよう。
これは学生でも例外ではない。
普段勉強をサボっている学生ほど、
夏休みなど長期休暇に猛勉強すればいいと考える。
だが現実は夏休みなどあっという間に終わってしまうし、
夏休みを有効活用できるのは

普段からコツコツと勉強していた学生に限られる。

普段からコツコツ勉強している学生ほど夏休みは欲張らず、淡々とこれまでの復習や必要最小限の苦手分野克服、計画の修正に充てるものだ。

長期休暇は人生計画の練り直しに充てる。

07

準備がすべて。本番は復習。

私が一緒に仕事をする人を見ていて「これはもったいないな」と感じるのは、本番だけがんばろうとする人が多いということだ。
本番にがんばるのは悪いことではないが、
普段からろくに準備していない人間に限って、
本番で一発逆転を狙おうとするからたいてい失敗する。
そういう人は「次回はがんばります！」「本番で緊張してしまった」と口にすることが多いが、死ぬまでそのセリフを繰り返すことになる。
なぜなら失敗の真因を理解していないからだ。
私がこれまでに出逢ってきた長期的な成功者たちは、
次のような共通の考え方を持っていた。
準備がすべてであり、本番はその復習に過ぎない。
私もこの長期的な成功者たちの考え方を全身の細胞にインストールして、
暇さえあれば準備している。

オンとかオフに関係なく、人生すべてが無意識の準備なのだ。

これは今の執筆の仕事でも同じである。

執筆の仕事以外の時間は、すべて準備。

旅をしようが、映画観賞しようが、読書しようが、パーティーに参加しようが、デートしようが、人生すべてが無意識のうちに執筆の準備になっている。

これは、あなたが営業マンでも音楽家でも清掃員でも応用できる。

応用できないということは、まだあなたがプロじゃないということだ。

オフは休息ではない。
人生すべてが準備だ！

08

運のいい人は、オフでも羽目を外さない。

テーマパークに行くと面白いことに気づかされる。

スタッフから注意を受けるくらいに、猛烈にアトラクションを楽しんでいる人がいるが、その人たちの表情を観察していると、どいつもこいつも運の悪そうな顔をしているのだ。

率直に申し上げて、テーマパークの外に出たら、普段は虐《しいた》げられていると思われる人々だ。

テーマパークに限らず、オフになるとまるで別人のように羽目《はめ》を外す人もいるが、決まって運が悪い。

私のサラリーマン時代にも社員旅行で何度か同僚のオフの状態を観察させてもらった。

運のいい人たちは普段とテンションがそれほど変わらないのに対して、運の悪い人たちほど妙にテンションが高くなり、やたらと羽目を外したものだ。

どうしてこういうことになるかといえば、**運は安定を好むからだ。**
わかりやすくたとえると、
平和な国というのは平穏な時間が流れているだろう。
戦争中の国は殺伐とした時間が流れているだろう。
これは個人に置き換えても同じなのだ。
淡々と生きている人は、平和な国と同じで、
何をやってもうまくいく人生だ。
感情の起伏が激しく、それを表に出してしまう人は、
何をやっても争い事が絶えない人生になってしまう。
もしあなたがオフでつい羽目を外しそうになったら、
まず自分よりもテンションの高い人を見つけて、
その表情を一度じっくり観察してみよう。
続けて、その場にいる中で最も幸運の持ち主の立ち居振る舞いを

観察することだ。
あとは放っておいても、これからあなたがどう振る舞えばいいのかの
答えが出るだろう。

幸運は安定している
ところにやってくる。

09

不器用な人のほうが、成功しやすい。

これまで私が出逢ってきた長期的な成功者たちには、不器用な人が多かった。
どんなに少なく見積もっても、**過半数が並の人よりも不器用だった。**
どうして不器用なほうが成功しやすいのか。
まず、**不器用だとできない人の気持ちが痛いほどよくわかる。**
だからどんなに厳しいことを言っても、そこに愛を感じられる。
本を読んでいても、
「こんなに厳しいこと書いているけど、本当はいい人だな」とばれてしまう。
偽善者ならぬ偽悪者を装っても、周囲には〝優しい人〟と見抜かれてしまうのだ。
結果として、溢れ出た愛に人とお金がごく自然に集まってくる。
次に、**不器用だと人生の迷路をすべて塗り潰《つぶ》せる。**
私自身もとても不器用な人間だから、
器用な優等生がシュパッと一発で解ける迷路を真っ黒に塗り潰した挙句、
最後に残った一本の道が正解だったという経験が多い。

ただし、これを10年続けていると不思議なことが起こる。

遠回りし続けてきた迷路の行き止まりがすべてつながって、器用な優等生たちを一気にごぼう抜きするチャンスが巡ってくるのだ。

優等生は〝迷路の行き止まり〟を頭でシミュレーションしかできないが、不器用な人間はすべて自分の心と体に痛みとしてストックされているから説得力がまるで違うのだ。

迷路の正解をオンとすれば、迷路の不正解はオフだ。

オフで迷路の不正解をどれだけストックし続けられるかが、あなたの成功を決める。

人とお金は「愛」に集まる。

練習が本番。　本番が練習。

PART 2

仕事が遊びで、遊びが仕事

10

月曜の朝が待ち遠しいなら、
いい人生だ。

あなたがいい人生を送っているかどうかのリトマス紙がある。
それは月曜の朝を待ち遠しいと思えるかどうかだ。
月曜の朝を待ち遠しいと思えるということは、
あなたは大好きなことで生きているということだ。
月曜の朝と聞くと憂鬱《ゆううつ》になるということは、
あなたは嫌いなことで生きているということだ。
こうして本を書くからには正直に告白しなければならないが、
私にも嫌いなことで生きている時期はあった。
そんな時期に日曜の夕方「サザエさん」のオープニングの音楽が流れてくると、
途端に憂鬱になったものだ。
「せっかくの休日もこれで終わりか」と思うと、人生が嫌になることもあった。
同時に、「何としてもこの状況を打破しよう」と情熱を燃やした。
「サザエさん」を心から楽しめる人生を歩むためには、

どうすればいいのかを考え続けた。
「サザエさん」を心から楽しむためには、
何よりもまず自分が人生を楽しまなければならないことに気づかされた。
何が何でも学校や会社を楽しまなければ、寿命の無駄遣いだと思った。
大切なことは、今どうかではなく、今からどうするかである。
月曜の朝が待ち遠しいと思えないなら、今いる場所で輝くか、
今いる場所から別の輝ける場所に移動するかである。

今を楽しまなければ、
命の無駄遣いだ!

11

オフはネタ仕込み、オンは鼻歌で料理するだけ。

読者や編集者から私の仕事のやり方を聞かれることが多い。

サラリーマン時代から今日に至るまで私の仕事風景をダイレクトに見ていた人たちの声を集約すると、

「主婦が鼻歌で料理しているようだ」というものになる。

これは私にとって最高の褒め言葉である。

鼻歌で料理している主婦の腕が悪いかといえば、そんなことはないはずだ。

むしろ鼻歌で料理できるだけの腕がある証拠だろう。

鼻歌でおいしい料理を作れるようになるためには、料理している時間以外にどれだけ勉強しているかが勝負になる。

オンに鼻歌で料理するためには、オフで膨大なネタを仕込む必要があるのだ。

私もオフにはネタの仕込みに東奔西走してきた。

ここで大切なことは、ネタの仕込みがあなたの趣味そのものであることだ。

心の底からネタの仕込みを楽しむことができて、

つい時間を忘れてしまうのが望ましい。

周囲から見て「あの人、遊んでばかりいるのにどうして稼げるの？」という状態が、成功に一番近づいている状態だ。

ネタ仕込みを人生の中心に持ってくると、それこそ人生すべてを遊びで埋め尽くすことができるようになる。

貴族のように遊び疲れたら、ちょっと仕事でもして癒《いや》せばいい。

現在の私の目標は99％をネタの仕込みで埋め尽くして、残り1％でアウトプットすることだ。


「準備」を人生の中心に持ってくる。

12

本番はがんばらない。

仕事をしていれば、必ずプレゼンをしなければならない時があるだろう。

スーツを着こなしてパソコンとプロジェクターを駆使するプレゼンだけではなく、

日常の地味な打ち合わせや会議の発表の場だって立派なプレゼンだ。

私もコンサル時代には数え切れないほどのプレゼンをしてきた。

プレゼンが苦手だと言って、プレゼンだけを私に頼んでくる同僚もいたくらいだ。

私のプレゼンが評価された理由はたった一つである。

それはプレゼン本番でがんばらなかったからだ。

プレゼンにかぎらずスポーツでも勉強でも私は本番にがんばるのが大嫌いなのだ。

本番にがんばるということは、

普段はがんばっていないと自己紹介しているようなものだ。

本番はがんばるものではなく、味わうものだ。

もう散々がんばってきたのだから、今さらがんばっても何も始まらない。

むしろ練習の成果の半分でも出せれば御《おん》の字だと思っているくらいだ。

練習で苦労したことは本番ではうまくいくことが多いが、
練習でなめ切ってスルーしてきたことは本番では大失敗する。
本番では何が起こるかわからないからこそ、
あり得ないくらい周到に準備するのだ。
そして本番ではありのままの結果を受容して、次の準備に活かせばいい。

あり得ないほど
周到に準備する！

13

勤務時間中に雑用をやるなんて、もったいない。

あなたは雑用をいつやっているだろうか。

もちろん勤務時間中に上司や先輩から頼まれた雑用は、今すぐ電光石火の如《ごと》く片付けるべきである。

けれど事前にあなたがやらなければならないと予想できる雑用があるのなら、わざわざ勤務時間中にやらないことだ。

そんなことをしていると、いつまで経《た》っても「アイツはいつも忙しいから」と敬遠されて、新しい仕事が与えられない。

すると出世できない。

出世できないから、定年まで雑用しなければならないというスパイラルに陥る。

定年まで雑用したい人はそれでもいいが、本書の読者にそんな人はいないはずだ。

本書の読者には雑用から一日も早く卒業してもらいたいと思って、私はこうして本を書いている。


そのためには上司や先輩から雑用を依頼されたら、

「もう終わっています」という状態にしておくことだ。
雑用している姿を上司や先輩にいちいち見せてはいけない。

上司や先輩はあなたに雑用を頼むたびに、あなたから「それならもう終わっていますよ」という返事が返ってきたらどう思うだろう。「コイツにいつまでも雑用をさせていたら辞められてしまうぞ」という危機感で、次第にクリエイティブな仕事をあなたに任せるようになってくるはずだ。
ここだけの話、雑用を誰にも見られずにこっそり片付けるのはとても楽しい。

あいつは暇だと思われるくらいの状態にしておけ！

14

残業は、朝の遅刻と同罪。

残業を仕事と思っている人がいる。

残業というのは時間内に仕事が終わらなかった遅刻と同じだから、朝の遅刻と同罪だ。

考えてみると、朝の遅刻をしても遅刻代はもらえないが、残業をすると残業代をもらえるのはおかしな話である。

残業した人にお金を払うのであれば、朝の遅刻者にもお金を払わないとおかしい。

学校のテストで終了時間を過ぎても解答用紙にしがみついているとルール違反になるのに、会社では終了時間が過ぎたら褒められる上に、お金までもらえるというのは明らかに矛盾している。

残業をしなければならないのは、たいてい忙しいからではない。

本当はたいした仕事をしていないにもかかわらず、忙しいふりをしなければならないから残業をしてごまかしているのだ。

もし本当に忙しいのであれば、プロとして何が何でも勤務時間内に終わらせるために、早朝のオフタイムに下ごしらえをしておくことだ。3時間のダラダラ残業より、始業時間30分前の下ごしらえのほうが、はるかに効率的なのだから。

大切なのは、残業は遅刻だと気づくこと。

開始時間だけではなく、終了時間に対する遅刻にあなたの意識を向けるだけで、仕事のパフォーマンスは飛躍的に向上する。

会社の会議というのは経営の縮図だが、会議の開始時間が遅れるだけではなく、終了時間が遅れるというのは経営が傾く会社の特徴である。

3時間の残業より30分前の下ごしらえ。

15

遊びが仕事。仕事が遊び。

遊びを仕事にするとか仕事を遊びにするとか言おうものなら、
「まじめにやっている人たちに失礼だ！」と顔を真っ赤にして怒る人がいる。
こういう人は「仕事は我慢してナンボ」と思っているから、
我慢に我慢を重ねる人生で幕を閉じる。
我慢に我慢を重ねている人は、自分のみならず周囲にも我慢を強要するから
どんより下げ下げモードの暗い空気が漂っている。
その上、苦労している割にはたいした結果も出ていないのが特徴だ。
これは断言してもいいが、
我慢して仕事をしているかぎり、絶対に長期的な成功はできないのだ。
長期的な成功者は、絶対、必ず、
100%の確率で、仕事を楽しんでいる。
まずはあなたの遊びが仕事にならないのかを真剣に検証してみよう。
あなたがその遊びに没頭していられるのは、

その遊びを提供する側の人間がいるからだと気づくと、
これまで見えなかったものが見えてくるだろう。
もしどうあがいても遊びが仕事にならないことがわかったら、
今度は今の仕事を遊びにできないかを検証してみることだ。
仕事をスポーツやゲームに置き換えると、
これまで見えなかったものが見えてくるだろう。
きっとそれらを見つけるために、我々人間は天から頭脳を授かったのだ。

本当に仕事が楽しい？

16

仕事は努力ではなく、工夫が大切だ。

どうして仕事はスポーツやゲームと同じかといえば、努力よりも工夫が大切だからである。

その道のプロであれば、努力なんて誰でもする。

もし努力量ですべての結果が決まってしまうのなら、そんなに退屈な人生はない。

人生が面白いのは、これまで血の滲《にじ》むような努力をしてきたのに、わずかな工夫ですべてを覆《くつがえ》してしまうことがあることだ。

義務教育までは努力そのものが褒められてきたかもしれないが、社会に出たら結果がすべてである。

より正確には、100の努力をして1の成果を出すより、1の努力で100の成果を出す人間のほうがはるかに尊い。

そして1の努力で100の成果を出した人間は、あり余った時間でさらに知恵を絞って工夫を凝らすことができる。

では工夫できる力をどのように磨いたらいいのだろうか。

工夫できる力を磨くのは、凡人にも可能なのだろうか。
もちろん可能だ。
オフタイムにはできるだけ多くの本を読み、優秀な上司や同僚と語り合うことだ。
最初は真似から入り、次に組み合わせたり、ひっくり返したりしてみよう。
歴史に残る大ベストセラーも、世紀の大発見のような発明も、
既存のアイデアにほんの少し工夫を加えたというだけの商品がほとんどなのだ。

オフには、「工夫の種蒔き」をしよう！

17

あなた〝ならでは〟の「成功の方程式」を生み出す。

仕事で面白いのは、誰でも同じやり方で成果が出ないことだ。
どんなに細かく洗練されたマニュアルを作成しても、絶対に個人で差が出る。
そこが人間の奥が深いところだ。
これは我々が生まれる前に神様から、
「あなたはあなただけの成功の方程式を見つけなさい」と言って
送り出されたからだ。
仮にこの世に70億人いたとすれば、70億通りの成功の方程式が存在する。
だからといって、他人の話を参考にするのは無駄だというわけではない。
むしろ先人に学ばずして独力であなたの成功の方程式を見つけるのは、
ほぼ不可能だと思う。
本をよく読み、人と大いに語り合う以外に
あなたの成功の方程式を見つけるためには、次の3点に注意しておこう。

1. 何かに没頭すること。
2. 〝かくあるべし〟という執着を手放すこと。
3. PDCAサイクルを淡々と回すこと。

最後のPDCAサイクルとは、Plan(計画を立てる)→Do(実行する)→Check(評価する)→Act(改善する)の4過程を、ひたすら繰り返すことによって、目標を達成することだ。

私がコンサル時代に立案した戦略を現場に落とし込むのに、これ以上の方法はなかったし、いまだ思い浮かばない。

最後に、あなた〝ならでは〟の成功の方程式に出逢った瞬間は、ストンとわかるとだけ伝えておく。

繰り返さなければ、

「自分ならでは」は見つからない。

平日にがんばるより、
休日にがんばるほうが楽チン。

PART 3

オフこそ、勉強時間

18

勉強の本当の楽しさは、学校を卒業してからわかる。

学生時代を勉強のオンとすれば、卒業してからは勉強のオフということになる。
だが、読者の中にもきっとたくさんいるだろうが、
学校を卒業してからこそ無性に勉強したくなる人は多い。
私もその一人だ。
学校を卒業してから受験勉強時代の参考書を久しぶりに開いてみると、
改めて何もわかっていなかったことに気づかされる。
表面を丸暗記していただけで、きちんと理解していなかったということも多い。
模範解答暗記競争から解き放たれると、
ちょっと上から目線で参考書を眺めることができ、
「ムチャクチャいいことが書いてあるじゃないか！」と感動するのだ。
たとえば私は高校時代に現代文が大の苦手だった。
ところが大学時代に1万冊の本を読み、
社会人になってからも膨大な本を読み漁り、

しばらくするとこうして自分で本を書くようにもなった。
その上で評論文や小説を読んで問題を解いてみると、
まるで別人のように文章そのものを味わえるのだ。
それどころか「この文章は編集がちょっとサボったな」とか、
「模範解答の解説がちょっとずれていないか?」といったような
余計なことまで気になる始末だ。
大学時代の学問がいかに奥が深かったのか、今になって気づくこともある。
本当の勉強の楽しさというのは、
何らかの強制から解き放たれて自由になって初めて気づかされるのだ。

本当の勉強は大人なってから。

19

暗記したら、睡眠。

PART 1　時間の固定観念を捨てる

PART 2　仕事が遊びで、遊びが仕事

PART 3　オフこそ、勉強時間

PART 4　仕事以上に、大切にしたいこと

PART 5　オフこそ、孤独

PART 6　幸せのヒントは好奇心

受験生のみならず、みなさんにぜひオススメしたい記憶術がある。

それは暗記したらとりあえず眠ることだ。

つべこべ言わず、これを愚直《ぐちょく》に実行していれば、

必ずあなたはこれまでよりも記憶できて、しかも忘れにくくなる。

できればひと通り暗記したら、すぐに仮眠するのがいい。

あるいは暗記物は寝る直前に全部済ませて、

そのまま熟睡して朝を迎えると完璧だ。

起きたらすぐに暗記したことを1分以内でざっと復習してみよう。

きっとあなたは驚愕《きょうがく》するはずだ。

まるで自分が天才になったかのように、驚くほどに憶えているのだ。

もちろんあなたが突然天才になったわけではなく、

人間の記憶のしくみに勉強の仕方が合致しただけの話である。

人間の記憶というのは本当によくできていて、睡眠中に脳に刻み込まれるのだ。

夢を見るのは、その編集作業の過程を部分的に憶えているということだ。
学生時代に勉強が嫌いだった人こそ、
この暗記法を知ると勉強の虜《とりこ》になる可能性がある。
現に私が大学時代にアルバイトの家庭教師先で劣等生たちに
この〝睡眠記憶法〟を伝授したところ、
最初は「先生に寝ろと言われたからと寝てばかりいる」と
母親からクレームが殺到したが、テストの成績が急上昇したので
時給を上げてもらったくらいだ。
私がこの記憶の構造を知ったのは大学時代だったから、
自分の受験には間に合わなかったが、社会人になってからは随分救われた。

寝ている間に、
記憶は刻み込まれる。

20

勉強は、ゲームと同じ。

勉強というのはもともとゲームであり、遊びだったのはご存知だろうか。
古代文明では労働は奴隷がするものだったから、
それ以外の人々は毎日遊ぶだけだった。
ところが遊びといっても子どもではなくいい大人たちだから、
単純な遊びではすぐに飽きてしまう。
何十年と毎日遊び続けても飽きないものでなければならない。
結果として、哲学や音楽や文学などが生まれた。
どんなに頭のいい人が一生かかっても謎《なぞ》が解けないものでなければ、
大人の遊びとしては失格なのだ。
すでにお気づきのように、哲学とは科学哲学、政治哲学、教育哲学、宗教哲学、
倫理哲学……といったように、あらゆる学問のベースである。
著名な哲学者はこれまで数え切れないほど輩出されたが、
この世の謎がすべて解けたという人はまだ登場していないし、

きっとこれからも登場しないだろう。

音楽や文学も同じで、これまで数え切れないほどの曲や文章が生み出されたが、もうネタが尽きたということはない。

どれだけ勉強しても永遠に終わりはやってこないのだから、他人と比較などしないで、あなたはあなたのペースで楽しく勉強すればいい。

勉強とはもともと遊びであり、完全にオフの行為なのだ。

勉強は、大人の遊びだ！

21

自分の忘却曲線を発掘する。

あなたは「忘却曲線」という言葉を聞いたことがあるだろうか。
簡単に説明すると、「憶えたことが時差を経てどのように忘れられていくか」を計測した曲線である。
大まかな特徴としては、丸暗記したまま放っておくと
翌日には約半分を忘れてしまい、さらに翌々日にはその半分になり、
1週間もすればほぼすべて忘れてしまうということだ。
もちろんこれは放っておいた場合の話で、翌日にもう一度復習すると
飛躍的に記憶を維持することができて、さらに翌々日にも復習すると
より記憶が強固になる。
つまり本気で記憶したければ、とにかく反復するのが王道だということがわかる。
しかも1日に何度も反復するのではなく、睡眠を挟んで、
時間を置いて反復することでより忘れにくくなるのだ。
ここで大切なことは、忘却曲線は人によって、

あるいは分野によって異なるということだ。

生まれつき記憶力のいい人は確実にいるし、悪い人だっている。

同じ人でも興味のある分野は一度憶えたらなかなか忘れないし、興味のない分野は憶えてもすぐに忘れてしまうだろう。

あなたはあなただけの「忘却曲線」を把握して、自分の忘却パターンを生み出せばいいのだ。

自分の忘却パターンを把握してしまえば、生来の記憶力の格差は乗り越えられる。

自分にとって絶妙の復習のタイミングを知っている人こそが、記憶力のいい人なのだ。

記憶力のいい人は、
復習の仕方を知っている。

22

大人の勉強は、何でもアリ。

勉強と聞くと、受験時代の英語や数学を思い浮かべる人は多い。
だがそれではあまりにも視野が狭過ぎる。
心の底から英語を学びたければそれでいいが、
本当は大嫌いなのに英語の勉強をするのは間違っている。
それなら他の勉強をそれなりのレベルまで高めて、
英語はあなたの専門分野と同レベルの友人に助けてもらったほうが断然いい。
たとえばあなたが世界中のファッションの勉強をして精通すれば、
英語が話せる友人にファッションを教えて、そのお返しに通訳を頼んで
一緒に世界旅行すればいいのだ。
通訳を担当してくれる友人も、ファッションに関しては
あなたに教えを請わなければならないから、お互いに敬意をベースとした関係が
構築できるというわけだ。
そのうち「私にも英語くらい話せそうだな」と思えば、

効率のいい勉強法を教えてもらって勉強すればいいし、
その気がないなら英語の勉強なんて一生しなくていい。
要は「勉強とはかくあるべし」という固定観念を今すぐ捨てて、
時間を忘れて没頭する分野のみを勉強すればいいのだ。
先ほどの世界のファッションの勉強をしていくと、
いずれ必ず色彩や世界史の勉強をしなければならないから、
嫌々英語の勉強などしている時間はないはずだ。
これだけは忘れてほしくないが、大人の勉強は何でもアリなのだ。
いかにも勉強しているように見えるようでは所詮《しょせん》三流で、
誰が見ても遊んでいるようにしか見えないのが一流の大人の勉強である。

勉強は机でするものだけでない。

23

勉強に締め切りを設定しない。

受験勉強には試験日という締め切りがあったから焦った。
人を選別するのが受験の目的だから当たり前といえば当たり前の話だ。
だが大人の勉強には締め切りが存在しない。
勉強を始めた瞬間がスタートであり、勉強を止めた瞬間がゴールだ。
今あなたが30歳として、高校時代に挫折した数学を
本気で勉強し直したくなったとしよう。
その場合、高校数学の参考書をごく短期間で終わらせようと張り切って、
また自分を虐《いじ》めないことだ。
高校数学で挫折した原因は、ひょっとしたら小学生の算数が
理解できていないことにあるのかもしれない。
恥ずかしがらずに自分が挫折した場所まで遡《さかのぼ》って、
もう一度初歩から学び直すことだ。
高校数学は1単元1年計画でじっくり、優雅に取り組めばいい。

因数分解にたっぷり1年かけていいのだ。
高校数学を終えるのに、20年や30年かけても何ら恥じることはない。
仮に30年かけて高校数学を仕上げれば、定年後に大学の数学科に入学して、
残りの余生を数学にかけることだって十分に可能だ。
「普通なら3年で終わる高校の数学を、私は30年かけてようやく終えました。
現在は数学博士号を取得してまだ20年目で、わからないことだらけです」
という90歳がいたら、私はぜひその人に一度数学を教わってみたい。
大人の勉強はどれだけ早くマスターしたかではなく、
どれだけ継続したかが大切なのだ。

大人の勉強に、試験日はない。

24

AVの『50人シリーズ』を鑑賞し続けたら、源氏物語に通じた。

ある年に私は1年かけてＡＶの『50人シリーズ』の勉強をした。
『50人シリーズ』とはクライマックスシーンだけを、
50人分編集して寄せ集めた作品だ。
『熟女50人』『女子大生50人』『人妻50人』……というように、
片っ端から鑑賞しまくった。
違法アダルト動画を取り締まるために、終日部屋で缶詰め状態になって
検査している警察官の苦労が少しは理解できたように思う。
結果として私にも驚くべき収穫があった。
どのシリーズにおいても50人のうち繰り返し見るのは、
たった一人に絞られていくのだ。
よく男はもともと浮気性で一人の女性では満足できないと言われるが、
それは本命にまだ出逢えていない場合の話だ。
日本のみならず世界中の歴史を紐《ひも》解《と》くと、

長らく一夫多妻制が続いてきたという事実がある。
その時に大きな問題になったのは男性がうっかり本命に出逢ってしまった場合だ。
本命以外のその他大勢の妻たちは相手にされないから、激しい憎悪が渦巻く。
源氏物語の主人公・光源氏にしても、
究極はたった一人の本命の影を追い続けたという話だ。
あちこち食い散らかすのは、まだ本命に出逢えていないか、
本命に相手にされずその疑似体験を繰り返そうとする男性だけだ。
このAV鑑賞を機に、『あさきゆめみし』全巻セットを購入したのは
いうまでもない。
常識にとらわれてはいけない
あらゆる勉強は、根っこですべてつながっているのだ。

すべての勉強は根っこでつながる。

25

マイナーな分野の勉強は、費用対効果が高い。

あなたは「知らない。何それ？」「そんなの勉強と言えるの？」と他人から思われることを恐れてはいないだろうか。

実はマイナーな勉強ほど、費用対効果は高い。

マイナーだということは、それだけ競技参加者が少ないということだ。少し勉強するだけでたちまちその分野において〝詳しい人〟になれる。英語の勉強をするとなると競技参加者数は途轍《とてつ》もない数だから、今から勉強しても一流の専門家にはなれない。

ところが話す人が世界で数千人しかいない超マイナー言語の勉強をすれば、瞬《また》く間にあなたは日本屈指の専門家の一人になれる。

もし何かの拍子にその国が世界の注目を浴びれば、あなたが専門家としてマスコミで解説する機会が訪れるかもしれない。

不思議なことに多くの人たちはなぜか自らメジャー分野に飛び込みたがる。メジャー分野に飛び込んで頭角を現せるのは、究極はただ一人である。

それ以外のその他大勢は、〝お客さん〟として授業料を搾《しぼ》り取られておしまいだ。
勘違いしてはいけないが、
私はマイナーな分野を勉強しなければならないと言っているのではない。
あなたが好きな分野がたまたまマイナーであれば、
それはラッキーだということなのだ。
大学の学部選びでも、法学部や工学部より
マンガ学部やデジタルゲーム学科のほうが圧倒的に印象に残るし、話題性もある。

好きなことがマイナーなことなら
君はラッキーだ！

息抜きにやっていることが、
大人の勉強。

PART 4

尽くすこと、曖昧でいいこと

26

基本は、いつも独り。

私が大学時代に読んだ本の中で、異口同音に述べられていたことを集約すると次の2点だった。

1. 孤独の時間を大切にしなさい。
2. できるだけ多くの人たちと語り合いなさい。

一見するとこれらは矛盾しているように思える。

孤独の時間を大切にしろと言いながら、できるだけ多くの人たちと語り合えとはいったいどういうことなのか。

これら矛盾を一体化するとこうなる。

いかなる理由があっても孤独に自分を磨き続ける時間をキープしながら、できるだけ格上の人たちと多く語り合えるようになれということなのだ。

孤独の時間に自分を磨いていない人間が、

いくら休日に同レベルの人間同士で群れて騒いでも、
次第に虚《むな》しくなって老け込んでくるだけだ。
学生時代にずば抜けて優秀な生徒は、基本はいつも独りだったのではないか。
会社でずば抜けて優秀な社員は、いつも独りではないだろうか。
会社でずば抜けて偉い人といえば普通は社長だが、社長はいつも孤独なはずだ。
反対に一番群がって騒いでいるのは、底辺の落ちこぼればかり。
落ちこぼれだから群れているのではなく、
群れているからますます落ちこぼれるのだ。
オフの間は、孤独に自分を磨き続けていると、
時差を経て、必ず相応の人脈と出逢うことをお約束する。

オフは孤独に自分を磨け！

27

一緒に仕事をすると、その人の本質がわかる。

私はその人の本質を理解するためには、つべこべ言わず一度仕事をしてみる。
私は仕事よりも人間観察が好きだ。
サラリーマン時代にはずっと経営者を相手に仕事をしてきたが、
損害保険会社時代も、コンサル時代も、常に人間観察が目的だった。
これまで人を見抜いてやろうと考えたことは一度もないが、
放っておいても人間洞察力だけはついた。
第一印象の大切さが強調されることもあるが、
やはり一緒に仕事をする以上に、その人を知る方法はないと思う。
何かあったらすぐに言い訳をする人間は、深く付き合うと、
必ず最後は逃げる人間だ。
最初の打ち合わせで微妙に1分や2分の遅刻をしてセーフと解釈する人間は、
深く付き合うと必ず締め切りを守らなかったり、お金の振り込みが遅れたりする。
膨大な仕事量を淡々とこなしている成功者は、

単に多くのファンから支持されているだけではなく、
取引先そのものがその成功者の信者だったりする。
仕事のレスポンスが異様に速い人間は、必ずオフでも異性にモテモテで、
同時並行で恋愛していても不平不満をもらさせないだけの力量がある。
賢明なあなたならすでにお気づきであろう。
一緒に仕事をすると、その相手とオフで長く付き合った際に見せる本質をすべて予習することができるのだ。
仕事にこそ、オフのエッセンスが詰まっている。

仕事にはオフのすべてが詰まっている。

28

「敵か、味方か」の二者択一は、最終的に孤立無援になる。

トラブルがあると、すぐに興奮して敵と味方に分ける人がいる。

敵か味方に分けたがる理由は簡単だ。

その人は気が小さいからだ。

気が小さいからどんなことにも白黒をハッキリつけないと落ち着かず、精神が安定しないのだ。

どんなことにも白黒をハッキリつけ続けると、最終的には孤立無援になる。

人間はもともとデジタルのように白黒ハッキリした存在ではなく、グレーだらけのアナログの存在だからである。

もともとアナログの存在である人間に対して、すべてデジタルを強要し続けるというのは自然の摂理にも反しているのだ。

私のところには実にさまざまな悩み相談が連日届くが、それらを集約すると、結局は人間関係の問題に行き着く。

人間関係の問題を解決するためには、白黒ハッキリさせないことが大切なのだ。

白黒ハッキリさせないなんてスッキリしないと思うかもしれないが、スッキリしない状態を許す勇気を持つことも大切なのだ。

私がこれまでに数多くの人に支えられて何とか生きてこられたのは、私の人間関係がグレーだらけだったからである。

本書の読者には、人間関係をグレーにするためのコツを特別に伝授しよう。

来る者を拒むことはあってもいいが、去る者を追ってはいけないということだ。

人間関係に白黒つけない。

29

「今日は疲れたからもう帰って〜」と言えるのが、親友。

あなたには親友がいるだろうか。

親友の基準とは何か。

あなたが相手を親友と思い込むことではない。

あなたが相手のことを親友と思っていても、
相手はあなたのことを親友とは思っていないかもしれない。

親友の基準とは休日に部屋に遊びに来ている相手に対して、「今日は疲れたからもう帰って～」と言える関係だ。

映画やテレビドラマでもこれと似たシーンを見かけたことがあるはずだ。

あなたも「こういう関係って、いいな……」とジンときたのではないだろうか。

どうしてジンときたかといえば、あなたの心の中にたとえ言語化できずとも
そういう関係に憧れるぼんやりとした何かがあったからなのだ。

ぼんやりとした何かをハッキリと映像化してもらえたから、
あなたは心を打たれたのだ。

あなたが親友と思っている相手に対して、「今日は疲れたからもう帰って〜」と言えないなら、まだ本音を話せる関係にはないということだ。

本音を話せる相手というのはそのくらい出逢うのが難しく、ましてや関係を継続させるのはもはや奇跡のようなものだ。

親友に巡り合う方法はたった一つ。

「親友」という言葉とは別れを告げて、今、目の前の人に本気で接し続けるしかない。

目の前の人と本気で！

30

すました顔で休日に仕事を強要する人は、さげまん。

長年会社勤めをしてきたサラリーマンなら誰でも一度は「休日出勤」を経験したことがあるだろう。

自分から率先して休日出勤するというなら問題はない。

私もサラリーマン時代には好んで休日出勤して、仕事の前倒しをしまくったものだ。

人口密度の低いオフィスは、仕事がはかどる。

ところがこれが他人に強要される仕事となれば話は別だ。

たとえば私は今の執筆の仕事でこんな経験をしたことがある。

金曜日にゲラを送り付けておきながら、「来週の月曜日までにお願いします」と送付状に書いてあるのだ。

つまりこれを翻訳すると
「私は土日たっぷりと休ませてもらうから、お前は土日ちゃんと働けよ」というわけだ。

出版の仕事にかぎったことではない。
ひょっとしてあなたも無意識のうちに、
相手に休日の仕事を強要してはいないだろうか。
特に金曜日や平日の終業時刻直前は注意が必要だ。
あなたにとっては仕事が手元を離れてひと安心でも、
相手にとっては爆弾を手渡されたと解釈される可能性もある。
相手の時間を強奪しているのと同じなのだ。
ゴルフ、バーベキューなどのイベントごとしかり、
あなたが好きなことで、したくてするならばいい。
けれどあなたには、嫌なこと、我慢をしている時間はないのだ。
すました顔で休日の仕事を強要してくるさげまんとは、
例外なく絶縁《ぜつえん》することだ。
私は休日に仕事をするのは大好きだが、

休日に仕事を強要されるのは大嫌いだ。
あなたの士気を下げるさげまんと関わるくらいなら、
異動・転職・独立も厭《いと》わなくていい。

休日仕事を強要する人とは、
関わらなくていい。

31

紙約束より、口約束に人の真価が出る。

私が相手の価値を決めるのは、言行一致度だ。

言ったことと行動がどれだけ一致しているかで、私は人の価値を決める。

普通は口で発した証拠はその直後にもう消えてなくなるから、社交辞令として流れてしまう。

だからこそ、正式な約束は必ず紙で形に残すことになる。

ところが中には口で発したことをちゃんと憶えていて、本当に実現させる人がいる。

私がこれまで出逢ってきた1万人のビジネスパーソンのうち、多く見積もっても100人に1人もいなかったのは紛れもない事実だ。

だが口約束を守る人たちのその後の追跡調査をしてみると、確実に出世している。

その人がまだサラリーマンをやっていれば取締役以上になっているし、独立していれば業界で名前が知られるくらいにはなっている。

もちろん私は言行一致度の高い人たちの真似をして、それを習慣にした。

言行一致度の高い人というのは、仕事のみならず、オフでこそ言行一致度の高さを発揮するものだ。

待ち合わせの時間は必ず死守するのは当然として、「こちらから電話する」と言ったら、100%約束の時間に電話してきた。「近いうちに食事でも」という話になれば、その場で手帳を開いて、スケジュールを決め、すぐさま店に電話をかけて予約を入れていた。こうした言行一致度の高さの積み重ねが、その人の人生を成功に導くのだ。

オフの有言実行こそが信頼につながる。

32
今、目の前の人以上に、大切な人はいない。

私はよく高級ホテルの喫茶ラウンジでアフタヌーンティーを楽しんでいるが、ごく稀《まれ》に異様な光景が目に飛び込んでくる。

せっかくお洒落《しゃれ》なラウンジにやって来ているのに、全員が携帯電話をいじっているグループに遭遇《そうぐう》するのだ。

目の前で奏でられるヴァイオリンやピアノなどまったく耳に入らず、そして一緒にいる相手と何も言葉を交わさず、ただひたすらうつむいている姿勢は傍から見て気味が悪い。

もちろん全体で見ればほんの一部だが、これが安いカフェになると過半数がこの状態ではないだろうか。

休日しかり、仕事の時しかり、せっかく人と会っているのであれば、今、目の前の人と会話を楽しむことだ。

お互いに貴重な人生の一部を割いているのだから、今、目の前の人以上に大切なことなどないはずだ。

もし携帯電話が気になるのであれば、人となんて会っていないで一人で携帯をいじることに専念すればいい。

私は孤独をこよなく愛するが、だからこそ、わざわざ時間を割いて人と会う場合には、その時間はその人のことを世界一大切な人だと一点の曇りもなく考えている。

それが私の人間関係の礎《いしずえ》になっている。

話しているうちにどんなに嫌いな相手でも、「この人とはこれで最後だな」と思うと優しく接することができるはずだ。


その時間は、その人が世界一大切な人。

33

もし理由なく嫌われたら、
100%相手の責任だから
気にしない。

先日、本を読んでいたらこんな英文に遭遇した。

If you have an unreasonable dislike of someone,
you are prejudiced against that person.

「もしあなたが誰かのことを意味もなく嫌うなら、
あなたはその人に偏見を抱いている。」

2007年に出題された大学入試センター試験の問題文だ。

センター試験の問題は、指名された選りすぐりのメンバーがシークレットに
膨大な時間をかけ、何度も吟味して作成されている。

私は趣味としてセンター試験の過去20年間分の英文を読んで味わってみたが、
そのどれもが自己啓発書顔負けのできばえだ。

学生時代にこれほどの名文集をスルーし続けてきたことを、
今更ながら大いに悔いた。

冗談ではなく、私のライバルは自己啓発書の他の著者ではなく、

センター試験の問題作成者たちではないかと畏《おそ》れたくらいだ。

冒頭の英文にあるように、人を理由なく嫌ってはならないのはもちろんのこと、理由なく人に嫌われたらそれはあなたの責任ではないことに気づこう。

もしあなたのことを理由なく嫌う人がいたら、それは相手の器が小さいことが原因であって、あなたがいちいち悩むことではないのだ。

あなたのことを理由なく嫌う相手は、絶対、必ず、100%の確率で、多くの人たちから理由なく嫌われ続けてきた過酷な人生を送ってきた人である。

「私はこんな風に周囲から嫌われてきました」と自己紹介しているだけなのだ。

そんな相手には、心の底からそっと同情の眼差しを向けてあげよう。


理由なく嫌われたら、気にしない。

PART 1　時間の固定観念を　捨てる

PART 2　仕事が遊びで、　遊びが仕事

PART 3　ひとり女、　貧困時間

PART 4
**尽くすこと、
曖昧でいいこと**

PART 5　ひとりで、　孤独

PART 6　幸せのヒントは　好奇心

淡きこと、水の如し。

PART 5

オフこそ、孤独

34

結婚して気づかされるのは、独りの時間の大切さだ。

本書の読者には既婚者もいれば、未婚者もいるだろう。
既婚者も未婚者もぜひ次の事実を味わってもらいたい。
結婚して初めて気づかされるのは、独りの時間がいかに大切なのかということだ。
相手のことが大好きで結婚したはずなのに、
しばらくするとずっと一緒にいることが必ず苦痛になってくる。
別に相手のことを嫌いになったわけでもないのだが、
鬱憤《うっぷん》が溜まってくる。
原因は独りの時間を奪われたことにある。
もし結婚を迷っている人がいたら、1年ほど同棲してみることをオススメする。
すると「結婚とはどういうものか」が理屈ではなく、全身で理解できる。
独りでいる時はあんなに寂しかったのに、好きな人とずっと一緒に
寝食を共にすると、今度は独りが恋しくなるのだ。
これを知った上で結婚するのと、知らないまま勢いで結婚するのとでは、

お互い相手に対する理解度や思いやりがまるで違ってくる。
相手が独りになりたがっている時には、束縛《そくばく》しないことだ。
あなたが束縛されたくないように、相手も束縛されたくないのだから。
あなたも静かにそっとしておいてもらいたい時間があるように、
相手にもそうした時間が必要なのだ。
お互いが独りの時間の大切さを理解できていると、その関係は長続きする。

お互い独りの時間を大切にする。

35

恋は加点方式。愛は減点方式。

多くの人にとってオフの最大の楽しみといえば、やはり恋愛ではないだろうか。

そしてオフの最大の悩みといえば、やはり恋愛ではないだろうか。

恋愛が長続きする人と恋愛がいつも短期間で終わりやすい人がいるが、後者の人は何が欠けているのだろうか。

それは恋愛の特性をきちんと理解していないことだ。

人を好きになったことがあれば誰でも理解できると思うが、最初は相手の良いところに惹《ひ》かれるはずだ。

そして付き合い始めると、初期の頃にはどんどん相手の良いところが見つかって文字通りメロメロになる。

これが恋愛の「恋」の段階で、相手に恋をするということなのだ。

恋はいつも加点方式なのだ。

そしてしばらくすると必ず相手の欠点が見えてくる。

これまでと打って変わって、相手の嫌な部分のみが目に入るようになる。

そうなると、いかに相手が喜ぶことをするかではなく、いかに相手の嫌がることをしないかが重要になってくる。

これが恋愛の「愛」の段階で、相手を愛するということなのだ。

愛はいつも減点方式なのだ。

減点方式と聞くとあなたはつまらないと思うかもしれないが、そんなことはない。

相手の嫌がることをしない人は周囲から愛されて、会社でも出世しやすいのだ。

嫌がることをしない人が恋も仕事も成就する。

36

休日は恋人と
別の分野を勉強して教え合う。

私は昔からデートで勉強をするのが好きだった。

しかも隣同士で座って見つめ合うというようなロマンチックなものではなく、相手の姿が見えない場所でお互いに勉強し合うというものだ。

大阪のジュンク堂書店では立ち読みならぬ、座り読みできるようにテーブルと椅子《いす》が設置されていたから、休日はよく入り浸って読書していた。

私はビジネス書や小説を読み、
彼女はファッション雑誌や旅行案内書を読む、というように。

食事の際はその日に自分が読んだ本のことをお互いに教え合うというのが、お決まりのデートコースだった。

私がまったく知らない分野を、好きな相手が喜々《きき》として教えてくれるのだから、これほどありがたい話はない。

それは相手にとっても同様だったようで、

「人生観が変わった！　将来本を出せるね」とよくお世辞を言ってくれたものだ。

一緒にスポーツで汗を流すのも確かに楽しいが、
年齢を問わずいつでもどこでもできる勉強というのは最高の趣味だと思う。

「千田さんはどんな女性がタイプですか？」という質問を
これまでたくさんいただいたが、私は一緒に読書できて楽しい相手が好きだ。
できれば私とは別の分野に詳しくて、議論にならないといい。

理想のデートはお互い勉強。

37

デートは平日し、休日はお互い独りで過ごすのも、ワンランク上の愛。

デートというと休日にするものだと思っている人が多いが、そんなことはない。
あなたも一度やってみればわかるが、平日のデートは人生を好転させる。
まず、早朝にデートする場合はお互いに寝坊できないのがいい。
なぜなら寝坊するということは、相手に対する愛情が
それほどでもないということが証明されてしまうからだ。
だから命がけで早起きしてデートしなければならない。
そのために規則正しい生活にすることが求められるから、健康にもいいのだ。
次に、夜にデートする場合はお互いに残業できないのがいい。
なぜなら残業するということは、あなたが無能である証拠だし、
仕事をまかせられる優秀な部下がいない身分であることが
証明されてしまうからである。
だから命がけで早く仕事を終わらせなければならない。
そのためには常に仕事を前倒しして、結果を出し続けることが求められるから、

結果として出世するのだ。

おまけにデートを平日堪能していると、休日はゆったりと独りの時間を満喫できる。

休日にたっぷり休息をとり、フレッシュな頭でゆったりと勉強することで、平日のデートの話題にも事欠かないだろう。

お互い成長し続ける相手を好きになるのが、ワンランク上の愛なのだ。

平日のデートが人生を好転させる！

38

会っていない間に、愛は深まる。

交際相手としょっちゅう会っていなければ気が済まないという人がいる。

女性だけではなく、最近は男性でもこういう人が増えてきたようだ。

遠距離恋愛したことがある人ならわかると思うが、会っている間にではなく、会っていない間にこそ愛は深まるものだ。

なぜなら会っている間よりも、会っていない間のほうが相手のことを考えるからだ。

会っている間をリアルとすれば、会っていない間はイマジネーションだ。


イマジネーションは常にリアルを超える。


それはほとんどの映画が原作を超えることがないのと同じである。

映画化してビジュアル化するとリアリティがあるが、原作で膨らませたイマジネーションの前ではどれも霞《かす》んでしまう。

忙しくてなかなか会えない期間というのは、お互いに愛を深めるチャンスなのだ。

もし相手が「今月は資格試験の勉強の総仕上げをしたいから会えない」

と言ったら、ちゃんと応援してあげよう。
相手だってあなたと会いたいに決まっているが、
資格試験にも合格しなければならないのだ。
それを理解してあげることだ。
相手は資格試験の勉強に没頭しながら、日々確実にあなたへの愛が深まっていく。
もちろんあなたも相手を陰で応援しながら、相手への愛を一層深めていく。
会っている間を楽しむのは誰でもできるが、
会っていない間を楽しむには知性が必要なのだ。

本物の恋愛には、知性が必要だ！

39

別れ際にガミガミ言うと、運気が下がる。

ここではちょっと厳しい話をしたい。
あなたには本気で幸せになってもらいたいから、どうかご理解いただきたい。
私が損害保険会社に勤務していた頃、
損害調査部の先輩からこんな話を聞いたことがある。
「通勤時間中に交通事故に遭うのは、出がけに夫婦喧嘩した人に多い」
中には亡くなった人もたくさんいるが、夫婦喧嘩で罵声《ばせい》を浴びせ合ったのが
お互いに最期の言葉だったとは何とも皮肉な話である。
「後悔先に立たず」とは、まさにこのことだ。
出がけにガミガミ言うのは、間接的な殺人行為なのだ。
あなたも出がけにガミガミ言われたことがあれば、この意味がよくわかるだろう。
出がけにガミガミ言われると、無性にイライラしてくる。
無性にイライラしてくると、何をやってもミスをする。
信号はバッドタイミングで赤になるし、

気分転換にたまたまいつもと違うコースを走ってみると、
「ここは一方通行ですよ」とニヤニヤした警察官に切符を切られる。
すべての原因は、出がけにガミガミ言われたことなのだ。
これを夫だけではなく、子どもにもしてしまう人がいる。
子どもだって出がけにガミガミ言われたくない。
もし子どもにガミガミ言ってそのまま帰らぬ人となったら、
いくら悔やんでも悔やみきれないだろう。

別れ際は笑顔で気持ちよく見送ろう！

40

帰宅してすぐに
ペチャクチャ話しかけないのも、
ワンランク上の愛。

あなたは仕事から帰ってきた相手が、何をされたら嫌かを知っているだろうか。

いきなりマシンガントークで話しかけられることだ。

たとえ心地良い疲れに包まれていても、いきなり話しかけられると嫌な疲れに一変してしまう。

そのくらい、帰宅直後に話しかけられるというのはストレスが溜まるのだ。


オンとオフの境目の大切な時間だ。


できれば黙って新聞を読みたいかもしれないし、ソファーでコーヒーを飲んでくつろぎたいだろう。

相手が何をしてもらったら一番喜ぶのかを把握しておいて、あらかじめ新聞を出してコーヒーを淹《い》れるというのがワンランク上の愛だ。

その上で相手が口を開いたら、あなたも相手が話した分だけ口を開けばいい。

こういう話をするとすぐに男尊女卑だと早合点する人がいるが、働いているのが男性だとは私は一度も言っていない。

本書の読者にはバリバリ働く女性も多いと思うが、もし帰宅してすぐに家の誰かに話しかけられたらどっと疲れるだろう。

そんなに話しかけるエネルギーがあるのなら、
お茶でも淹れてほしいと思うに違いない。

あるいは「うるさ〜い！」と叫んで、部屋に閉じ籠《こも》りたくなるだろう。

自分がやられて嫌なことは、他人にもしないことだ。

相手の一番嫌がることを把握しておく。

41

仕事の悩みを恋人に相談してみると、意外な発見が多い。

仕事の話をプライベートや家庭に持ち込むべきではないという人は多い。
それは模範解答としてはひたすら正しい。
仕事の機密情報はいかなる理由があろうとも他人にもらすべきではない。
だが固有名詞や数値をぼかして、間接的に相談することならできるはずだ。
「たとえばの話だけど、会社でこんな問題が起きているとしたらA子ならどうする?」
「A商品とB商品の特徴はこうだけど、もしC男ならどっちを買う?」
このような相談を恋人にすると、たいていは喜んで一緒に考えてくれるはずだ。
なぜなら人というのは、
好きな相手の役に立ちたくて仕方がない生き物だからである。
それだけではない。
実際に私にも経験があるのだが、こうやって恋人から聞いた話は
ハッと気づかされることがとても多いのだ。

何も予備知識がない分、ストレートに疑問をぶつけてくれるのがありがたい。専門家でないのだから、素人であるお客様の気持ちに近いのだ。

今だから正直に告白するが、私はコンサル時代に問題解決に行き詰まると、たいてい女性スタッフを捕まえて、社内の自動販売機のコーヒー1杯で相談に乗ってもらった。

もちろんすべてはたとえ話として相談に乗ってもらうのだが、彼女たちのアドバイスがあまりにも的確だったために、そのまま報告書に盛り込んだことも一度や二度ではない。

オフのなにげない会話が問題解決の糸口になる！

会えない間に、深まっていく。

幸せのヒントは好奇心

42

人生の〝ラストピース〟は、遠回りした人間にしか与えられない。

人生はジグソーパズルにたとえるとわかりやすい。
あなたが、あっちへうろうろ、こっちへうろうろするのは、
将来美しいパズルを完成させるためなのだ。
美しい絵画には光と影が描かれているように、楽しいこともあれば、
辛いこともある。
影がなければ光は映えないように、
辛いことがなければ魂を揺さぶられるような幸せの感動は味わえない。
「無駄な時間を過ごしてしまった」と後悔する人は多いが、
本当は無駄な時間なんて存在しないのだ。
無駄と思える時間は、その後悔をバネにして、
次なる飛躍のためのエネルギーを獲得するために必要だったのだ。
あなたの人生の〝ラストピース〟は、
遠回りしなければ与えられないようにできているのだ。

遠回りをしなければならないと聞くと、
すぐにわざと遠回りしようと考える人が登場する。
本当の遠回りとはそういうことではない。
自分としては準備し尽したのに、失敗に終わってしまうことが真の遠回りなのだ。
自分からあえて遠回りをする必要はないが、高い目標を掲げ、
果敢《かかん》に挑戦し続ける人生を歩むかぎり、結果としてそれらが遠回りになる。
真剣に挑んだのに遠回りしたことが、
あなたの人生のピースを創り上げていくのだ。

人生には光と影が必要だ！

43

60歳までは、人生の準備体操。

60歳が定年でそれ以降は日向《ひなた》ぼっこという時代は終焉《しゅうえん》を迎えた。
あなたの周囲を見てみれば一目瞭然だと思うが、
60歳といえばまだまだ元気な人が多いはずだ。
私の子どもの頃は60歳といえばもう完全におじいちゃん、おばあちゃんだったが、
今は70歳でもまだ若い。
80代でも会社経営をこなしている元気な社長さんもいる。
これまでサラリーマンは60歳の定年までにどこまで出世できるのかが
その人の人生の価値だったが、今は60歳までは人生の準備体操になったのだ。
60歳までのサラリーマン時代に経験したことを小説に仕上げ、
作家デビューする人もこれから増えるはずだ。
60歳までオフにコツコツ勉強してきた分野で、大学院に入学して
学者として活躍する人もこれから増えるはずだ。
60歳までにコツコツ貯金してきた蓄えと退職金で、

自分のやりたい会社を創業する人もこれから増えるはずだ。
60歳からが人生の本番だと考えるのがスタンダードになってくる。
60歳からが人生の本番だと考えるとだらけてしまうかもしれないが、
60歳から輝けるか否かは、60歳までの準備期間で決まるのだ。

人生まだまだ準備期間。

44

大失敗も笑い話になるから、迷ったらやらなきゃ損。

もしやるかやらないかで迷ったら、ぜひやってみることだ。

勘違いしてはならないが、最初から迷ってもいないのにやる必要はない。

最初から迷ってもいないことを無理にやると、人生が取り返しのつかないことになることもある。

迷っていないということは、自然の摂理に反する行為であり、あなたの本能がやるべきではないと合図を送ってくれているのだ。

反対に、やるかやらないかを迷っているということは、本当はやりたいということだ。

あるいはやったほうがいいと薄々わかっているということだ。

もし失敗しても、普通は1年も経てば笑い話になる。

どんなに大失敗しても20年後には笑い話になる。

将来あなたが成功したら大失敗というのは、武勇伝になる。

あなたが成功してから元同僚がテレビに登場し、

「あの時の失敗は本当にすごかった！」と語ってもらえれば、あなたの価値がますます上がる。

成功すると大失敗をやらかした武勇伝をでっち上げたくなるものだが、ごく自然にノンフィクションでそれができてしまうのだ。

そして成功者であれば誰もが頷《うなず》く事実がある。

迷った挙句に思い切ってやった大失敗というのは、成功の真のきっかけだったということだ。

迷った挙句にやって失敗したことだけが、あなたを賢くしていく。

迷っているなら、やってみる！

45

人生は、「○○だけには絶対になりたくない」の○○に近づいていく。

思考は現実化するという話を聞いたことがあるだろう。
あれは本当だろうか。
もちろん本当だ。
ただこの名言には注意点がある。
「○○になりますように！」という思考と、
「○○だけには絶対になりたくない！」という思考とでは、
明らかに後者のほうが現実化しやすいということだ。
きっとあなたも経験上これがわかるのではないだろうか。
「ブスにだけは絶対になりたくない！」と叫び続けていた美人がいたら、
今、彼女はどうなっているだろうか。
10年もすれば、ほぼ100％の確率でブスになっているはずだ。
「バカだけには絶対になりたくない！」と叫び続けていたエリートがいたら、
今、彼はどうなっているだろうか。

10年もすれば、ほぼ100%の確率で、
属していた組織の落ちこぼれになっているはずだ。
これはスピリチュアルな話ではなく、極めて科学的な話である。
我々の脳というのは善悪の区別はつかず、
イメージの強弱で現実化させようとする。
「○○になりたい」と「○○になりたくない」とでは、
どちらが強く○○を思考しているか。
もちろん後者である。
人は快感を味わう本能よりも、苦痛から逃れる本能のほうが強いからである。
常日頃から強烈に○○とイメージしているから、
そのまま脳に深く刻み続けられて現実化されてしまうのだ。

「思考は現実化する」は本当だ！

46

好奇心旺盛なうちは、

「そのまま好奇心に身を委ねなさい」

ということ。

子どもは誰もが好奇心旺盛だ。
好奇心旺盛だから多くのことに興味を示すし、吸収力も抜群だ。
これが30代や40代になると、かなり好奇心が衰えてくる人が多い。
だが落ち込んでいる場合ではない。
30代や40代になっても、あなたの好奇心を煽《あお》るものが必ずあるはずだ。
将棋だけはいまだに飽きないというのなら、
それはあなたにとって正しいことなのだ。
昆虫採集だけはいまだに飽きないというのなら、
それはあなたにとって正しいことなのだ。
ギターだけはいまだに飽きないというのなら、
それはあなたにとって正しいことなのだ。

大切なことは好奇心を忘れずに、好奇心に身を委《ゆだ》ねることだ。
好奇心が旺盛な分野には、あなたが幸せになるヒントが必ず潜んでいる。

将棋がどのように役立つのかは今はわからなくてもいずれわかる時がやってくる。
ひょっとしたら将棋を通して運命の出逢いがあるかもしれない。
昆虫採集がどのように役立つのかは、
今はわからなくてもいずれわかる時がやってくる。
ひょっとしたら昆虫採集を通して偉大な発見をするかもしれない。
ギターがどのように役立つのかは、
今はわからなくてもいずれわかる時がやってくる。
ひょっとしたらギターを通してビジネスチャンスを摑《つか》むかもしれない。
断言できるのは、あなたの好奇心に従うことはすべて正しいということだ。
好奇心は神様から人間に贈られた幸せへのナビゲーターなのだ。

好奇心に、幸せになるヒントが潜んでいる。

47

無駄を極めると、武器になる。

あなたもご存知のように1年の3分の1が休日だ。
1年のうち約120日ある休日を何に使うかで、
残り240日も決まってくる。
否、ここまでくると休日と休日じゃない日は、
どちらが主でどちらが従なのかがわからなくなってくる。
考えようによっては、240日の準備期間（従）があって
120日の本番（主）があるとも解釈できるのだ。
120日もある休日には無駄なことをするに限る。
無駄ことをするというのは、
休日をダラダラ過ごせということではない。

周囲から「そんなことをして一体何の役に立つの？」と
怪訝《けげん》に思われるようなこと、
けれどあなたは心底それが好きだということに没頭することだ。

虚心坦懐《きょしんたんかい》に世の中を観察してみると、
〝なければならない仕事〟というのは驚くほどに少ない。
この世に〝なければならない仕事〟の大半は、
日々公務員たちがこなしてくれている。
映画や絵画、音楽も〝なければならない仕事〟ではなく、
〝あったほうがいい仕事〟だ。
私の執筆の仕事も〝なければならない仕事〟では断じてない。
だからといって世の中を〝なければならない仕事〟で埋め尽くし、
〝あったほうがいい仕事〟をすべて排除すればどうなるか。
もはや人間が人間である意味がないくらい、
味気ない世界になるのではないだろうか。
〝あったほうがいい仕事〟の成功者たちは、
すべて無駄を極めた結果なのだ。

私は名もなく貧しい頃から、どんなに周囲に笑われても
無駄なことに没頭し続けてきた。
そして今日も粛々と、誰にも理解されない無駄なことに没頭している。

休日に好きなことをしなければ、
人生の3分の1を無駄にしているのと同じ。

48

好奇心を持続させたければ、読書が一番。

もしあなたの好奇心を少しでも持続させたければ、本を読むのが一番だ。
もちろん最初は自分の好きな本だけを読めばいい。
自分の好きな本を読んでいると、必ずもっと知りたくなる。
もっと知りたくなるということは、砂場で深い穴を掘りたくなるということだ。
あなたも幼稚園の頃に砂場で遊んだことがあるはずだ。
砂場でより深い穴を掘りたくなったら、あなたはどうしただろうか。
広い穴を掘らなければ、深い穴を掘ることができないことに気づかされたはずだ。
つまり好きな本を読んでいてより深く知りたくなったら、
より広い分野の本を読まざるを得ないのだ。
もちろんこれは苦痛ではない。
なぜならあくまでもあなたの好奇心を満たすための読書には変わらないのだから、
吸収率も高いからだ。
フラワーアレンジメントの本が好きでハマっていたら、

ふと気づいたら生物の勉強をしているかもしれない。
パワーストーンの本が好きでハマっていたら、
ふと気づいたら地学の勉強をしているかもしれない。
最初から生物や地学の勉強をするのは苦痛かもしれないが、
入り口が好きなことだったらどんな勉強も苦にならないのだ。
日本を代表する世界的な某建築家は、高卒のまま独学で建築学を習得した。

好きなことが、
成功への一本道！

49

人生の〝ラストピース〟は、どこか懐かしい。

人生をジグソーパズルと考える話はすでに述べた。

ここでは人生の〝ラストピース〟の話をしておきたい。

あなたの人生の〝ラストピース〟は、実はすでに事前にわかっている。

少し考えてみれば当たり前の話だ。

〝ラストピース〟とは文字通り最後のピースなのだから、すでに形がわかっているはずだ。

あとは〝ラストピース〟という実物を手に入れるのを待つだけである。

実物を手に入れたあなたは、こう思うはずだ。

「どこか懐かしい……」

ちょっと残酷な話になるかもしれないが、人生のジグソーパズルは人によってスケールが大きく異なる。

ある人は50ピースだが、ある人は100万ピースというように。

スケールに大きな差が出てしまうのは、人によって生き様が違うからだ。

スケールの小さい生き様の人は50ピースで、
スケールの大きな生き様の人は１００万ピースなのだ。
あなたの生き様のスケールは、どれだけ真剣に無駄なことをやってきたか、
人生のオフをどれだけ味わったかで決まる。
いずれにしても〝ラストピース〟は誰にも平等に与えられる。
〝ラストピース〟を与えられた時に、
「こんなはずじゃなかった！」と叫ぶのも人生。
〝ラストピース〟を与えられた時に、
「今回の人生を与えてくれて、本当にありがとう！」と感謝するのも人生。
どちらでもあなたが好きな人生を歩めばいい。

真剣に、人生のオフを味わっているか。

PART 1　時間の固定観念を捨てる

PART 2　仕事が遊びで、遊びが仕事

PART 3　オフこそ、勉強時間

PART 4　良くすごよ、家族といっしょと

PART 5　オフこそ、孤独

PART 6　幸せのヒントは好奇心

人生の醍醐味《だいごみ》は、無駄にあり。

エピローグ 50

長期的な成功者たちは、いつも淡々と生きていた。

私がこれまでに出逢ってきた長期的成功者たちは、共通のリズムで生きていた。

そのリズムは、いつも淡々としたものだった。

飛び上がって喜ぶわけでもなく、激怒するわけでもなく、号泣するわけでもない。

競争を好むわけでもなく、議論で勝つことに命をかけるわけでもない。

誰もがとても落ち着いていて、日々成すべきことを粛々と成していただけだ。

だから一発屋で終わるような短期的成功者によく見られる、派手なパフォーマンスはない。

私は長期的成功者に会うたびに、相手をとてもリラックスさせるこの淡々としたリズムをどうしても習得したくなった。

理論としてはそれほど難しいことではなかった。

自分というものをよく知り、人生を通して、
自分の使命を果たす覚悟を持つだけだった。
自分というものをよく知ると、誰かと比較することはなくなる。

なぜなら比較なんてしなくても、すでに勝負は決まっているからだ。
試合というのは文字通り試し合いのことで、
お互いに自分自身と戦う手段として相手の体を借りているだけなのだ。
勝つ時は勝つし、負ける時は負ける。
でも本当は相手に勝ったり負けたりするのではなく、
自分に勝ち、自分に負けるのだ。
それだけの話であり、それ以上でもそれ以下でもない。
自分の使命を果たすということは、本を読んだり、師と語り合ったり、
仕事を通してあちこちぶつかりながら、
「自分はこのために生まれてきた」と気づき、それを実行に移すことだ。
自分の使命を知っている人間は、とてもわかりやすい。
変に他人を羨ましがったり、変に嫉妬《しっと》したりせず、自分大好き人間が多いからだ。
もちろん愚痴・悪口・噂《うわさ》話とも無縁だ。

自分の使命を果たすために、ひたすら人を認めて、
応援してもらわなければならないことを知っているからだ。
本書を読んだあなたが何か一つでも実行し、習慣にして、
「淡々と生きていますね」と誰かから言われ始めたら、
あなたは長期的成功者の仲間入りだ。

千田琢哉

■千田琢哉 著作リスト（2016年7月現在）

〈アイバス出版〉

『一生トップで駆け抜けつづけるために20代で身につけたい勉強の技法』

『一生イノベーションを起こしつづけるビジネスパーソンになるために20代で身につけたい読書の技法』

『1日に10冊の本を読み3日で1冊の本を書く ボクのインプット&アウトプット法』

『お金の9割は意欲とセンスだ』

〈あさ出版〉

『この悲惨な世の中でくじけないために20代で大切にしたい80のこと』

『30代で逆転する人、失速する人』

『君にはもうそんなことをしている時間は残されていない』

『あの人と一緒にいられる時間はもうそんなに長くない』

『印税で1億円稼ぐ』

『年収1，000万円に届く人、届かない人、超える人』

『いつだってマンガが人生の教科書だった』

〈朝日新聞出版〉

『仕事の答えは、すべて「童話」が教えてくれる。』

〈海竜社〉
『本音でシンプルに生きる!』
『誰よりもたくさん挑み、誰よりもたくさん負けろ!』
〈学研プラス〉
『たった2分で凹みから立ち直る本』
『たった2分で、決断できる。』
『たった2分で、やる気を上げる本。』
『たった2分で、道は開ける。』
『たった2分で、自分を変える本。』
『たった2分で、自分を磨く。』
『たった2分で、夢を叶える本。』
『たった2分で、怒りを乗り越える本。』
『たった2分で、自信を手に入れる本。』
『私たちの人生の目的は終わりなき成長である』
『たった2分で、勇気を取り戻す本。』
『今日が、人生最後の日だったら。』
『たった2分で、自分を超える本。』

『現状を破壊するには、「ぬるま湯」を飛び出さなければならない。』
『人生の勝負は、朝で決まる。』
『集中力を磨くと、人生に何が起こるのか？』

〈KADOKAWA〉

『君の眠れる才能を呼び覚ます50の習慣』
『戦う君と読む33の言葉』

〈かんき出版〉

『死ぬまで仕事に困らないために20代で出逢っておきたい100の言葉』
『人生を最高に楽しむために20代で使ってはいけない100の言葉』
DVD『20代につけておかなければいけない力』
『20代で群れから抜け出すために顰蹙を買っても口にしておきたい100の言葉』
『20代の心構えが奇跡を生む【CD付き】』

〈きこ書房〉

『20代で伸びる人、沈む人』
『伸びる30代は、20代の頃より叱られる』
『仕事で悩んでいるあなたへ　経営コンサルタントから50の回答』

〈技術評論社〉
『顧客が倍増する魔法のハガキ術』
〈KKベストセラーズ〉
『20代　仕事に躓いた時に読む本』
〈廣済堂出版〉
『はじめて部下ができたときに読む本』
『「今」を変えるためにできること』
『「特別な人」と出逢うために』
『「不自由」からの脱出』
『もし君が、そのことについて悩んでいるのなら』
『その「ひと言」は、言ってはいけない』
『稼ぐ男の身のまわり』
『「振り回されない」ための60の方法』
〈実務教育出版〉
『ヒツジで終わる習慣、ライオンに変わる決断』
〈秀和システム〉
『将来の希望ゼロでもチカラがみなぎってくる63の気づき』

〈新日本保険新聞社〉

『勝つ保険代理店は、ここが違う！』

〈すばる舎〉

『今から、ふたりで「5年後のキミ」について話をしよう。』

『「どうせ変われない」とあなたが思うのは、「ありのままの自分」を受け容れたくないからだ』

〈星海社〉

『「やめること」からはじめなさい』

『「あたりまえ」からはじめなさい』

『「デキるふり」からはじめなさい』

〈青春出版社〉

『リーダーになる前に20代でインストールしておきたい大切な70のこと』

〈総合法令出版〉

『20代のうちに知っておきたい　お金のルール38』

『筋トレをする人は、なぜ、仕事で結果を出せるのか？』

『お金を稼ぐ人は、なぜ、筋トレをしているのか？』

『さあ、最高の旅に出かけよう』

『超一流は、なぜ、デスクがキレイなのか？』

『超一流は、なぜ、食事にこだわるのか？』
『超一流の謝り方』
〈ソフトバンク クリエイティブ〉
『人生でいちばん差がつく20代に気づいておきたいたった1つのこと』
『本物の自信を手に入れるシンプルな生き方を教えよう。』
〈ダイヤモンド社〉
『出世の教科書』
〈大和書房〉
『「我慢」と「成功」の法則』
『20代のうちに会っておくべき35人のひと』
『30代で頭角を現す69の習慣』
『孤独になれば、道は拓ける。』
〈宝島社〉
『死ぬまで悔いのない生き方をする45の言葉』
【共著】『20代でやっておきたい50の習慣』
『結局、仕事は気くばり』
『仕事がつらい時 元気になれる100の言葉』

『本を読んだ人だけがどんな時代も生き抜くことができる』
『本を読んだ人だけがどんな時代も稼ぐことができる』
『1秒で差がつく仕事の心得』
『仕事で「もうダメだ！」と思ったら最後に読む本』
〈ディスカヴァー・トゥエンティワン〉
『転職1年目の仕事術』
〈徳間書店〉
『一度、手に入れたら一生モノの幸運をつかむ50の習慣』
『想いがかなう、話し方』
『君は、奇跡を起こす準備ができているか。』
『非常識な休日が、人生を決める。』
〈永岡書店〉
『就活で君を光らせる84の言葉』
〈ナナ・コーポレート・コミュニケーション〉
『15歳からはじめる成功哲学』
〈日本実業出版社〉
『「あなたから保険に入りたい」とお客様が殺到する保険代理店』

『社長！この「直言」が聴けますか？』
『こんなコンサルタントが会社をダメにする！』
『20代の勉強力で人生の伸びしろは決まる』
『人生で大切なことは、すべて「書店」で買える。』
『ギリギリまで動けない君の背中を押す言葉』
『あなたが落ちぶれたとき手を差しのべてくれる人は、友人ではない。』

〈日本文芸社〉

『何となく20代を過ごしてしまった人が30代で変わるための100の言葉』

〈ぱる出版〉

『学校で教わらなかった20代の辞書』
『教科書に載っていなかった20代の哲学』
『30代から輝きたい人が、20代で身につけておきたい「大人の流儀」』
『不器用でも愛される「自分ブランド」を磨く50の言葉』
『人生って、それに早く気づいた者勝ちなんだ！』
『挫折を乗り越えた人だけが口癖にする言葉』
『常識を破る勇気が道をひらく』
『読書をお金に換える技術』

『人生って、早く夢中になった者勝ちなんだ！』

『人生を愉快にする！　超・ロジカル思考』


〈PHP研究所〉


『「その他大勢のダメ社員」にならないために20代で知っておきたい100の言葉』

『もう一度会いたくなる人の仕事術』

『好きなことだけして生きていけ』

『お金と人を引き寄せる50の法則』

『人と比べないで生きていけ』

『たった1人との出逢いで人生が変わる人、10000人と出逢っても何も起きない人』

『友だちをつくるな』

『バカなのにできるやつ、賢いのにできないやつ』

『持たないヤツほど、成功する！』

『その他大勢から抜け出し、超一流になるために知っておくべきこと』


〈藤田聖人〉

『学校は負けに行く場所。』

〈マネジメント社〉

『継続的に売れるセールスパーソンの行動特性88』

『存続社長と潰す社長』
『尊敬される保険代理店』
〈三笠書房〉
『「大学時代」自分のために絶対やっておきたいこと』
『人は、恋愛でこそ磨かれる』
『仕事は好かれた分だけ、お金になる。』
『1万人との対話でわかった 人生が変わる100の口ぐせ』
『30歳になるまでに、「いい人」をやめなさい！』
〈リベラル社〉
『人生の9割は出逢いで決まる』
『「すぐやる」力で差をつけろ』

装丁／冨澤 崇
レイアウト／茂呂田 剛
組版／キャップス

●PROFILE

千田琢哉（せんだ・たくや）

文筆家。

愛知県犬山市生まれ、岐阜県各務原市育ち。

東北大学教育学部教育学科卒。日系損害保険会社本部、大手経営コンサルティング会社勤務を経て独立。コンサルティング会社では多くの業種業界における大型プロジェクトのリーダーとして戦略策定からその実行支援に至るまで陣頭指揮を執る。のべ3,300人のエグゼクティブと10,000人を超えるビジネスパーソンたちとの対話によって得た事実とそこで培った知恵を活かし、"タブーへの挑戦で、次代を創る"を自らのミッションとして執筆活動を行っている。

著書は本書で125冊目。

ホームページ　http://www.senda-takuya.com/

非常識な休日が、人生を決める。

結果を出す人がやっている50の逆転の時間術

第１刷　2016年７月31日

著　者　千田 琢哉
発行者　平野 健一
発行所　株式会社徳間書店
東京都港区芝大門2-2-1　郵便番号105-8055
電話　編集（03）5403-4344　販売（048）451-5960
振替　00140-0-44392

印　刷　（株）廣済堂
カバー印刷　真生印刷（株）
製　本　東京美術紙工協業組合

ISBN978-4-19-864197-9

〈徳間書店好評既刊〉

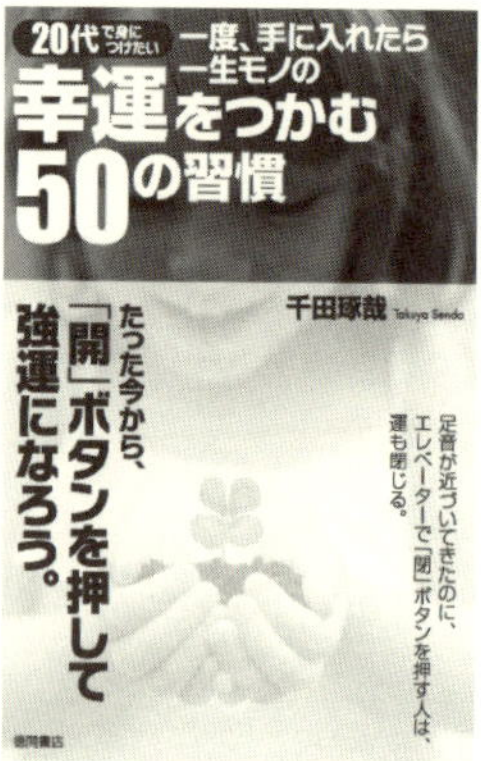

20代で身につけたい
一度、手に入れたら一生モノの
幸運をつかむ50の習慣
定価：1100円＋税

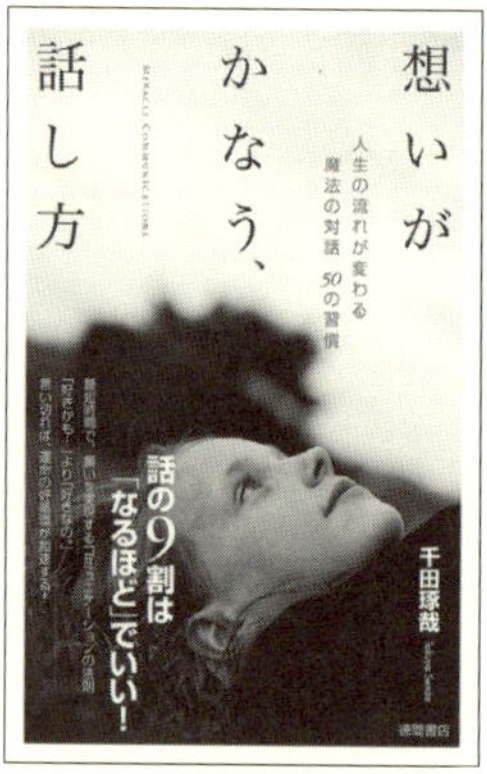

想いがかなう、話し方
人生の流れが変わる
魔法の対話50の習慣
定価：1200円＋税

君は、奇跡を起こす準備ができているか。
実力以上の結果が出せる人
になる66の言葉
定価：1400円＋税